AF292747

Weltweit optimales Staatssystem

für ein Maximum an Fairteilung, Selbstbestimmung & Lebensqualität

Herstellung und Verlag: BoD – Books on Demand, Norderstedt

ISBN: 978-3-7481-5947-6

Inhaltsverzeichnis

In einem Satz

Die Grundzüge eines weltweit optimalen Staatssystems können relativ einfach in einem Satz beschrieben werden :

Jeder Mensch stellt im Sinne des Wohles und Reichtums aller Menschen einen zukunfts- und positiv-lösungsorientierten, friedfertigen, emotional distanzierten, souveränen Grundwillen her, erkennt jedem Menschen das von Geburt an gültige, unveräußerliche Recht auf einen gleich großen Teil an Raum & Ressourcen, evolutionsbasierendes Wissen & einen fairen Teil an öffentlich angebotenen Gütern zu, strebt im Hinblick auf lebenserhaltende & -verbessernde Prozesse (wie z.B. erneuerbare Energie- & Ressourcengewinnungskreisläufe, Zuweisung transaktionsvereinfachender Wertsymbole, Herstellung der Möglichkeit einer spannungsfeldüberlagerungsfreien Bevölkerungsdichte) einfache, weltweite, von anderen Menschen möglichst unabhängig realisierbare, erweiterbare Lösungen für eine langfristige Konflikt- & Problemsituationsbewältigung an und erkennt allen Menschen das Recht zu, frei nach Belieben zu agieren, solange das Allgemeinwohl nicht gefährdet wird und die Rechte & Freiheiten anderer Menschen nicht eingeschränkt werden.

Um die einzelnen Punkte besser zu verstehen, werden sie getrennt ausführlicher beschrieben und ihre Idee und Bedeutung untersucht.

Grundgesinnung

Jeder Mensch stellt im Sinne des Wohles und Reichtums aller Menschen einen zukunfts- und positiv-lösungsorientierten, friedfertigen, emotional distanzierten, souveränen Grundwillen her.

Ein optimales System lässt sich nicht durch eine Überzahl an Meinungskongruenzen bestimmen, sondern wird durch Logik und Verstand konstruiert.

Ein durch Demokratie, also ein durch eine Stimmenüberzahl entstandenes Staatssystem, wird für alle Wähler automatisch zu einer Anarchie, wenn kein komplett faires, weltweites Staatssystem gewählt wird (weswegen nicht gewählt werden muss, da es sowieso nur eine Möglichkeit gibt), weil sich kein klar denkender Mensch kampflos mit einem unfairen System, welches bei Wahl einer anderen Option entstünde, zufrieden geben wird.

Um dauerhaft Krieg, Unruhen und Streits um Raum, Ressourcen & Recht zu vermeiden, funktioniert nur ein im Willen des Wohlstandes aller Menschen fairverteilendes System, das auf Wahrheit und Lösbarkeit aufgebaut ist und nicht Gründe sucht, andere Menschen auszuschließen, um einem Individuum oder einer Gruppe kurzfristig ein angenehmeres Leben zu ermöglichen.

Eine Staatsgebietsabgrenzung und/oder eine Ausgrenzung von Menschen(gruppen) ist ein auf Verdrängung basierendes Fehlkonzept, durch das ein Wettkampfs- und Kriegsszenario anstatt ein durch Kolaboration geprägtes Weltreich entsteht.

Das Konzept der Verdrängung führt auf Dauer zur Selbstzerstörung, da es dazu neigt, die Notwendigkeit der Lösung kritischer Probleme falsch zu gewichten.

Die Menschen haben genug natürliche Feindbilder wie z.B. Überbevölkerung, Krankheiten & Mangelerscheinungen, sodass sie sich nicht unnötig bekriegen müssen, um Wettkampfemotionen zu befriedigen. Außerdem leben die Menschen aufgeklärt genug, um offen über sexuelle Wünsche reden zu können, und im negativen Falle darauf verzichten zu können, da die modernen Menschen selbstbewusst genug sind, um Ablehnung zu verkraften, da ihnen viele andere Möglichkeiten zur Emotionsbefriedigung zur Verfügung stehen. Darüber hinaus liefert Sport eine kontrollierte Möglichkeit, Wettkampfemotionen bei Beibehalten einer gemeinschaftsverträglichen Grundhaltung abzubauen.

Aus diesen Punkten geht hervor, dass ein Staatssystem weltweit anwendbar sein muss.

Zur erfolgreichen, effizienten Ausführung lebenssichernder Taten schafft ein emotional distanzierter Grundwille die besten Möglichkeiten, eine geistige Gesamtüberschaubarkeit unter Einbezug zukunftsgestaltungsrelevanter Faktoren zu liefern, deren Veränderung die Gesamtsituation langfristig verbessern kann - dabei schafft die Souveränität ein Szenario der Ununterbrechbarkeit der eigenen Gedanken, was dazu führt, eine ununterbrochene Untersuchung ohne Fremdeinwirkungen zu führen.

Indem sich das Ego dadurch definiert, sich nicht definieren zu müssen und somit durch eine nicht vorhandene Wertvorstellung keine Angriffsfläche bietet, entsteht eine schwingungsarme, emotional distanzierte, für Untersuchungszwecke ideale Atmosphäre, während unerwünschte/störende negative oder positive Restemotionen durch das Bewusstmachen ihrer Irrelevanz auf den Lösungsfortschritt entfernt werden.

Die Herstellung des Souveränitätszustands erfolgt durch Ballung von Gedankenströmen im Gehirnareal bei Spannungsverschluss des Herzchakras. Die Friedfertigkeit entsteht automatisch unter Kombination dieser Faktoren auf Grund des Bewusstseins, potenziellen Angreifern überlegen zu sein.

Probleme können nur in der Gegenwart und der Zukunft gelöst werden; daher ist es wichtig, das Kernproblem zu erfassen, ohne sich dabei von kurzfristigen Emotionen ergreifen zu lassen, die möglicherweise Ursache einer mangelhaften Problembewältigung waren.

Menschen streben einfache, weltweite, von anderen Menschen möglichst unabhängig realisierbare, erweiterbare Lösungen für lebenserhaltende & -verbessernde Prozesse zur langfristigen Konflikt- & Problemsituationsbewältigung an.

Probleme werden in der Basis ihrer wahren Ursprünge gelöst; auf eine Symptombekämpfung zur kurzfristigen Emotionsbefriedigung wird verzichtet.

So ist im Hinblick auf eine florierende Weltwirtschaft das tief verankerte Wettkampfdenken eine Perversion, da es blockierende Symptome entwickelt, die sich z.B. durch Berufsgruppen oder übermäßiges Kontrolldenken repräsentieren, welche langfristig betrachtet nicht nur unnütz, sondern auch kontraproduktiv sind, weil die Problemursprünge nicht in der Basis untersucht und berichtigt werden.

Die meisten Verbrechen geschehen aus Raum-, Ressourcen- und/oder Rechtsmangel und sind als Symptome eines falsch angelegten Staatssystems zu verstehen; eine Fairverteilung von Raum, Ressourcen und Rechten führt stattdessen zur Verhinderung/Verminderung solcher Taten.

Viele Berufe sind unsinniger Weise auf den Versuch ausgelegt, Schutz vor Taten zu gewährleisten und "Sündenböcke" für das Nichtfunktionieren eines Systems zu finden, anstatt zu erkennen, dass diese Taten die logische Folge eines fehlerhaften Systems sind; so versuchen einige Berufsgruppen (z.B. Anwaltschaft, Inkassobüro, Polizei, Justiz, Sicherheitsdienst) unter anderem damit Geld zu verdienen, gegen Menschen vorzugehen, die sich aus Ressourcenmangel rechtmäßig nehmen, was ihnen zusteht - es entsteht eine mutwillig hergestellte Ungleichverteilung. Unsinnige Kontrolle und Überwachung führt nicht nur zu verminderter Lebensqualität für alle Menschen, sie ist auch komplett unnütz, da sie die Ursprünge der eigentlichen Misere nicht berichtigt und/oder bewusst missachtet - entweder aus Böswille, welcher wiederum auf ein Mangel an sexueller Offenheit und/oder Selbstbestimmung zurückzuführen sein könnte oder aus Angst vor Konfrontation, welche auf ein wissentlichen Mangel an positiven Lösungsvorschlägen zurückzuführen ist. Außerdem führt sie zur Behinderung des Arbeitsflusses, was das gesamte Weltsystem pervers orientiert; anstatt möglichst reichlich und qualitativ hochwertig zu produzieren, was zur Folge hätte, dass für jeden Menschen reichlich Güter vorhanden sind und somit Kontrolle nicht notwendig wäre, weil Großzügigkeit herrschen könnte, wird durch Schikane Arbeitsfluss, Freiheit und Lebensqualität gemindert, was zur Folge hat, dass das gesamte System unnötig leidet und erst dadurch aus Knappheit Taten entstehen, für die aus falschen Ängsten und/oder Habgier Gegenmaßnahmen getroffen wurden.

In einem verstandesorientierten, großzügig angelegten Staatssystem ist im Hinblick auf Restriktionen Verkaufspersonal und Geld unnötig, da es in erster Linie kontrollierenden & bremsenden Charakter hat.

Wer Wertsymbole zur Verfügung hat, hat meistens keinen Grund, nicht zu zahlen (oder tut es bewusst nicht, um existierende Mängel aufzuzeigen) und wer keine hat, hat sowieso das Recht auf einen lebenserhaltenden Anteil oder durch die Fairteilung von Raum und Ressource genug brauchbares Material.

Im Falle von Knappheit handeln Menschen großzügig im Lebenssicherungs- und Fairteilungssinne.

Bei allen Formen von Aufteilungen, die eine große Menge an Variabler miteinbeziehen, wie z.B. die Weltfläche, den Weltraum und die Anzahl lebendiger Menschen, entstehen, wenn man genaue Ergebnisse erzielen möchte, ein Menge ermüdender und oft aus Mangel an konkreten Ergebnissen frustrierende Arbeiten, die obendrein in den meisten Fällen zu spät fertiggestellt werden und somit unbrauchbar sind; da die Welt & Menschen aber sowieso ständig wechselnde Dynamiken mit sich bringen, ist eine präzise Aufteilung weder nötig noch wünschenswert, da es im Sinne des Reichtums und der dafür notwendigen Pufferzonen sowieso nötig ist, großzügig im Sinne der Inklusion eines jeden Menschen zu berechnen, um mögliche Engpässe zu vermeiden.

Rechte

Jeder Mensch erkennt jedem Menschen das von Geburt an lebenslänglich gültige, unveräußerliche Recht auf

- *einen sowohl im Hinblick auf Größe und Masse als auch Nutzbarkeitsqualität gleich großen Anteil an Raum und Ressourcen*

- *auf einen weltweit fairen Anteil an öffentlich angebotenen Gütern*

- *auf einen fairen Anteil an Wertsymbolen (Geld), die weltweit den fairen Anteil an öffentlich angebotenen Gütern symbolisieren*

Auch ohne verfügbares Geld besteht stets Anspruch auf öffentlich angebotene, lebenserhaltende Güter, wenn auf Grund der aktuellen Situation nicht auf den beanspruchbaren Anteil an Raum und/oder Ressourcen zugegriffen werden kann und/oder die technologischen Mittel / das Wissen eines Menschen nicht zur Herstellung der notwendigen Güter reichen.

- evolutionsbasierendes Wissen

Zu wissensvermittelnden Institutionen (Schulen, Akademien, Universitäten) ist Folgendes zu sagen :

„Noten" als indirekte Lobbelohnung oder Tadelstrafe sind aus mehrfacher Hinsicht falsch :

Zum einen motivieren sie Menschen dazu, sich durch Bewertungen anderer Menschen beeinflussen zu lassen, anstatt ihre Arbeit/Leistung nüchtern nach eigener Ziel- und Wertsetzung selber zu bewerten; dadurch schwächen sie nicht nur durch Vernachlässigung von Training ihr eigenes Einschätzungsvermögen und machen sich indirekt von irrelevanten Quellen abhängig, sondern gewinnen auch den Eindruck, dass Lob oder Tadel für ihr Leistungsvermögen maßgebend sind, was zu Korruption und Manipulierbarkeit führen kann.

Die Leistung ist bereits die Belohnung; Körper und Geist wird trainiert und in Schwung gebracht, ein lebensverbesserndes Gut oder Szenario wird kreiert und in der Wirtschaft vergrößert sie die Optionsvielfalt und trägt somit zum Allgemeinwohl bei.

Außerdem motivieren Rangordnungsbewertungen Menschen dazu, sich als Gegner anstatt Kooperationspartner zu sehen und stellen für spätere Lebenszwecke vollkommen irrelevante Zahlen dar, die keinen Bezug zu den Leistungsmöglichkeiten einer Person haben, da Leistungen willens-, umfelds- und tagesformabhängig sind und die Lehrqualitäten von Lehrern von Mensch zu Mensch unterschiedlich wahrgenommen werden und auch sind, da sich unterschiedliche Sympathien und demzufolge unterschiedliche Kommunikationsmuster entwickeln.

Auf Grund menschlicher Auren & Gedankenmusterüberlagerungen entstehen ungleiche Teamleistungen, die eine Bewertung eines einzelnen Menschen gänzlich unbrauchbar machen.

Sprachen sind ohnehin dynamisch und Auslegungssache; wenn Menschen sich verstehen wollen, tun sie das wortlos; wenn sie sich nicht verstehen wollen, hilft auch keine Sprache.

Viel wichtiger ist es, durch authentisches Selbstleben Menschen von Anfang an nahe zu bringen, dass in erster Linie Lebenssicherung und die Lösung damit verbundener Probleme sowie ein faires, großzügig angelegtes Denken im Rahmen gemeinschaftlicher Angelegenheiten für eine erfolgreiches Leben notwendig sind. In diesem Rahmen sollten Probleme diskutiert und gelöst werden und kritisch mit einer möglichen fehlerhaft existierenden Welt umgegangen werden.

Insofern ist Schule - bis auf elementares Training - eine Art Beschäftigungstherapie, die unter richtiger Interpretation seitens Schüler und Lehrer ein nettes Miteinander erzeugen kann, solange keine Möglichkeit zur Eigenbeschäftigung besteht und/oder ein passender Sexualpartner nicht gefunden wurde.

Eine Schulpflicht existiert sowieso nicht.

- freies Agieren nach Belieben, solange die Freiheit anderer Menschen nicht einschränkt und das Allgemeinwohl nicht gefährdet wird,

Jede Form einer willkürlichen Hierarchie ist eine indirekte Kriegserklärung an Menschen; kein klar denkender Mensch möchte sich einer Kreatur seiner eigenen Art unterordnen.
Jeder Mensch ist die oberste Kontrollinstanz seiner selbst, die sich so viele Rechte und Freiheiten wie möglich wahrt, ohne dabei die Balance mit den Rechten und Freiheiten der Mitmenschen zu gefährden.

zu.

Diese Rechte werden auf Grund der menschlichen Lebensdynamiken und im Sinne der Wirtschaftlichkeit & Überschaubarkeit oft nur symbolisch in vollem Maße in Anspruch genommen.

Fairteilung von Raum, Ressourcen & Gütern

Der Raumanteil setzt sich aus den vier Bereichen Flora & Fauna, Transfer- & Gemeinschaftsraum, landwirtschaftliche Nutzfläche & persönlicher Lebensraum zusammen.

Flora & Fauna, Transfer- & Gemeinschaftsraum und landwirtschaftliche Nutzfläche werden oft in Kooperation mit anderen Menschen zur Naturerhaltung, zur Instandhaltung und Verbesserung der Transferwege, für Freizeitgestaltungsmöglichkeiten und zur effizienten Güterproduktion und -verarbeitung genutzt, während persönlicher Lebensraum meistens privat für Regeneration, Gestaltung, persönliche Präferenzen und zur Selbstverwirklichung des Besitzers genutzt wird.

Die Raumanteilsfläche (R) berechnet sich durch das Teilen der Gesamtfläche (G) durch die Anzahl lebendiger Menschen (M), also kurz G/M = R.

Eine Bereichsfläche berechnet sich aus dem Teilen der Raumanteilsfläche (R) in vier Teile, also kurz R/4=B, oder aus dem Teilen der Gesamtfläche (G) durch die Anzahl lebendiger Menschen durch vier, also kurz (G/M) /4 = B.

Der Ressourcenanteil (Ra) pro Ressource berechnet sich durch das Teilen der jeweiligen Ressourcenmasse (Rm) einer Güteklasse durch die Anzahl lebendiger Menschen (M), also kurz Rm / M = Ra.

Menschen bieten lebenserhaltende & -verbessernde Güter sowie das Wissen zu deren Herstellung weltweit gleichmäßig an, bevor der technologische Fortschritt gefördert wird, um zu ermöglichen, dass sich die Lebensstandards eines jeden Menschen ähnlich sein können.

Ressourcen werden oft unter Kolaboration nach Zusammenführung von Ressourcenanteilen (Ra) zu Gütern verarbeitet.

Bei der Ressourcenbearbeitung wird darauf geachtet, dass, falls möglich, ein reproduzierbarer Gewinnungsprozess erhalten bleibt oder hergestellt wird.

Fairer symbolischer Anteil an öffentlich angebotenen Gütern (Wertsymbole(Geld))

Um Gütertransaktionen und -besitzwechsel maximal zu vereinfachen, stellen Menschen weltweit gültige Wertsymbole (Geld) her.

Dieser jedem Menschen monatlich am Monatsanfang in Form von Wertsymbolen(Geld) zugewiesene Anteilsbetrag (A) berechnet sich aus dem Teilen der geschätzten Summe der Preise aller im Vormonat erstmals angebotenen materiellen, geistigen & dienstleistenden Gütern (S+) durch die Anzahl lebendiger Menschen (M), also kurz S+ / M = A.

Die Preise der Güter entsprechen ihren im Sinne von Lebenssicherung und Lebensqualitätserhaltung & -verbesserung geschätzten Werten.

Der Wert der Enthaltsamkeit :

In einem effizienten System lassen sich Arbeitsabläufe oft von einer kleinen Personenzahl bewältigen, die Produkte herstellen, welche den Konsumbedarf einer relativ großen Menschenmenge decken. Wichtig ist hierbei zu erkennen, dass die Menschen, die sich der Mitarbeit enthalten, um einen effizienten Produktionskreislauf zu gewährleisten, ebenfalls Teil der Arbeitsgruppe sein können und in diesem Fall fair beteiligt werden müssen, da sie durch ihre Enthaltsamkeit den Ablauf nicht behindern (im Gegensatz zum blindwütigen Suchen nach nicht zweckdienlicher Integration) , der Raum & die Ressourcen ihnen jedoch per Fairteilung und Naturrecht zustehen. Unnötiges im Wege stehen behindert nur die Arbeit ; wichtig ist, dass die für den Bereich zuständigen Arbeiter diesen Sachverhalt anerkennen und sich nicht im Irrglauben befinden, die sich enthaltenden Menschen hätten keinen Anspruch auf ihren fairen Anteil.

Großteile der Bürokratie werden überflüssig, weil der faire Anteil an weltweit öffentlich angebotenen Gütern lebenslang für jeden Menschen gilt und somit Konzepte wie Renten & Versicherungen, Schulden, Zinsen und alle Finanzgeschäfte, die den Lebensfluss beeinträchtigen und Ungleichgewichte schaffen, unnötig sind, da für jeden Menschen reichlich Ressourcen zur Verfügung stehen und die Möglichkeit besteht durch den beanspruchbaren Raum- & Ressourcenanteil in die Eigenversorgung überzugehen.

So ist sowohl gewährleistet, dass jeder Mensch jeden Monat genug Geld erhält, um seinen Lebensstandard zu sichern, als auch, dass die Menschen, die viel produzieren, den Vorteil haben, mehr Geld verdienen zu können, falls sie dies anstreben, da die Produkte bis zum Verkauf in ihrem Besitz bleiben.

Somit ist der optimale Spagat zwischen Lebenserhaltung und Lebensverbesserung, zwischen Solidarität und Konkurrenzkampf gelungen. Die friedfertigen Menschen brauchen keine Bedenken haben, ausgegrenzt zu werden und die Wettkampflustigen haben die Möglichkeit, ihre Produktivität auszuleben und sich dafür zu belohnen.

Der faire symbolische Anteil an weltweit öffentlich angebotenen Gütern wird an Menschen jeden Alters und unabhängig ihrer Vermögens- und Einkommensverhältnisse gezahlt; an junge Menschen zum einen als Symbol, sie von Beginn an als vollwertiges Mitglied der Gesellschaft anzuerkennen, zum anderen, damit die Möglichkeit des Expansionsdranges, der sich im Laufe der Entwicklung einstellen wird, befriedigt werden kann; an Wohlhabende als Zeichen der Inklusion und um sie nicht für ihren erhöhten Arbeitsdrang zu bestrafen.

Möglicher Auszeichnungstext für Wertsymbole :

Worldwide currency handed to any human for positive result-oriented work, the decline of negative destructive work or as a fair symbolic share of publicly offered goods.

Only valueable under the assumption, that any human is entitled to obtain a fair share of publicly offered goods worldwide by nature´s right and by logic of a peace-serving distribution.

world unit
1
world unit

Worldwide currency handed to any human for positive result-oriented work,
the decline of negative destructive work or as a fair symbolic share of publicly
offered goods.
world units
10
world units
Only valuable under the assumption, that any human is entitled to obtain
a fair share of publicly offered goods worldwide
by nature's right and by logic of a peace-serving distribution.

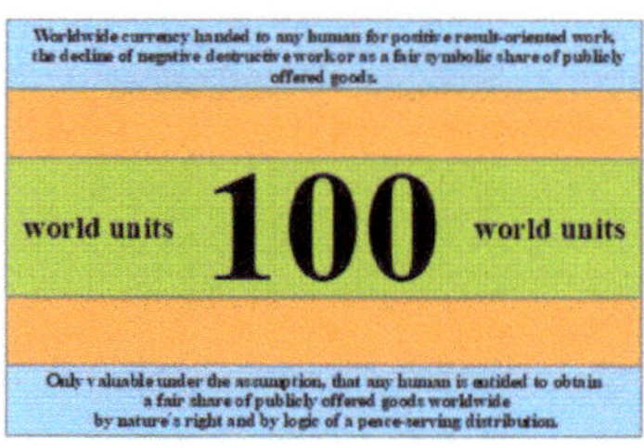
Worldwide currency handed to any human for positive result-oriented work,
the decline of negative destructive work or as a fair symbolic share of publicly
offered goods.
world units
100
world units
Only valuable under the assumption, that any human is entitled to obtain
a fair share of publicly offered goods worldwide
by nature's right and by logic of a peace-serving distribution.

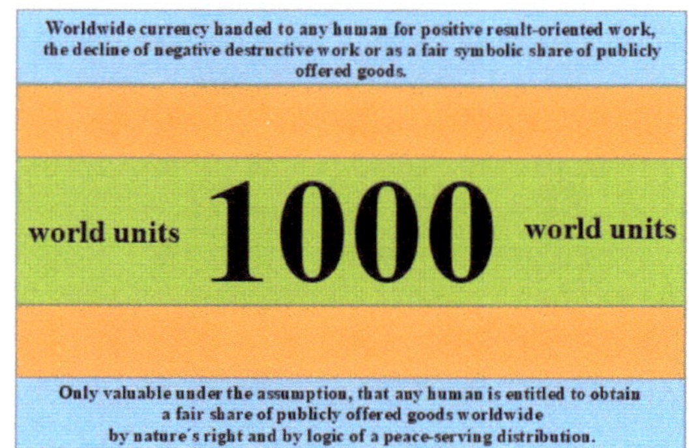
Worldwide currency handed to any human for positive result-oriented work,
the decline of negative destructive work or as a fair symbolic share of publicly
offered goods.
world units
1000
world units
Only valuable under the assumption, that any human is entitled to obtain
a fair share of publicly offered goods worldwide
by nature´s right and by logic of a peace-serving distribution.

Bevölkerungsdichte

Kinder werden aus dem altruistischen Willen des Lebensschenkens erzeugt, wenn das eigene Leben erfüllt ist und - von den normalen Alltagsdynamiker und gewünschten Streits abgesehen - reibungsfrei läuft; Hintergedanken, ihnen eine Welt aufzudrängen, sie zu erziehen, oder einen Vorteil durch ihre Existenz zu bekommen, können zu unnötigen Komplikationen führen, die sich negativ auf die gesamte Weltdynamik auswirken können. Die räumliche Voraussicht seitens der Erzeuger führt dazu, dass Menschen in einer bestmöglich barrierefreien Situation und Umgebung aufwachsen, in der sie selbstbestimmt leben und die überlebenswichtigen Abläufe lernen können.

Menschen kümmern sich um die Herstellung der Möglichkeit zur Herstellung einer spannungsfeldüberlagerungsfreien Bevölkerungsdichte.

Eine überbevölkerte Welt ist Nährboden für Leid und Elend; Erdrückungskrankheiten, Krankheitsübertragung & Willensrestriktionen führen zu Antriebslosigkeit, Lustlosigkeit sowie körperlichem und geistigem Verfall und tragen in Folge dessen zu einem negativen Klima bei - gegenseitige Einschränkungen führen zu Machtkämpfen, Vergewaltigungen, Streits, Kriegen und wären dabei durch vorraussichtige Raumaufteilung im Hinblick auf einfache Erweiterbarkeit / Umstrukturierung für anstehende / geplante Geburten und / oder Ortswechsel zur Lebenssicherung / -optimierung zu umgehen.

Im Falle einer Überbevölkerung zeugen Menschen keine Kinder und es wird eine bestmögliche Verteilung angestrebt.

Im Falle von Grenzsituationen zeugen Menschen pro Kopf nicht mehr als 1 Kind - ein Kind lässt sich pro Erzeugerhälfte mit einem halben Kopf anrechnen; so entsteht im Trennungsfall kein Streit, wem das Kind zuzurechnen ist.

Es ist eine logische Selbstverständlichkeit - zuerst muss ein optimales System konstruiert werden, bevor es erweitert wird; Kinder sollten in einer Umgebung aufwachsen können, die all die Vorzüge / Vorteile bietet, die auch ihren Erzeugern zu eigen sind.

Vorteile

• Bürokratie & Kontrolle kann auf ein Minimum reduziert werden und gewinnt lediglich indikativen, buchhaltenden Charakter, da auf Grund einer blühenden Weltwirtschaft und einer großzügigen Grundeinstellung Reichtum für jeden Menschen herstellbar ist und somit Knappheits- und Verlustängste aufgelöst werden

• auf Grund ähnlicher Lebensvoraussetzungen ist eine barrierearme Kommunikation möglich

• Menschen arbeiten in erster Linie für die Erhaltung des eigenen Körpers und Geistes, weshalb ein gesunder Biorhythmus entsteht, was zu hoher Lebensqualität und langem Leben führt

• Menschen können Produkte guter Qualität nutzen, da keine Mangelware auf Grund von Leistungsdruck hergestellt wird

• wohlhabende Menschen haben keine Bedenken vor Übergriffen, da sich jeder Mensch in einer soliden Ausgangssituation befindet

• lange Rechtsparagraphen / Niederschriften werden unnötig, da Situationsanalysen vom Basissatz des Rechtsverständnisses durch Einsatz des eigenen Verstandes abgeleitet werden können

 • Rente wird überflüssig, da die Rechte auf Raum, Ressource und Güter lebenslang gelten - somit wird unnötige Bürokratie beseitigt

• Arbeiten, die daraus entstehen, dass Menschen ihre eigenen Probleme nicht selbständig lösen können, verringern sich und schaffen Platz für neue weltverbessernde Arbeiten und/oder Freizeit

• es besteht keine Notwendigkeit, Platzhalterarbeiten auszuüben, um einen Alibiberuf vorweisen zu können, da Menschen erkennen, dass das Nicht-Tun unsinniger, destruktiver Arbeit ebenfalls eine wertvolle Arbeit ist, weil es Disziplin und Geistesstärke erfordert

• durch die Erkenntnis, dass Freiheit, Lebensraum, Selbstbestimmung und Gesundheit an erster Stelle stehen, gibt es weniger kranke Menschen auf dem Planeten

Begriffserklärungen / Fremdwortverzeichnis

agieren - handeln

Alibi - Tatnachweis

Analyse – Untersuchung

Anarchie - Gesetzlosigkeit

Atmosphäre - Umgebung

Barriere - Hindernis

Demokratie - Volksherrschaft

destruktiv - zerstörerisch

distanziert – mit Abstand vorhanden

Dynamik – sich verändernder Zustand

Emotion - Gefühl

indikativ - hinweisend

Inklusion - Miteinschluss

Koexistenz - Nebendasein

Komplikation - Schwierigkeit

Konflikt – gegenseitige Willensrichtungsbehinderung

Kongruenz - Übereinstimmung

Kommunikation - Botschaftsaustausch

Konsum - Verbrauch

optimal - bestmöglich

Option - Möglichkeit

Prozess - mehrgliedriger Arbeitsvorgang

Qualität – Wertigkeit

Regeneration - Erholung

Reichtum – Zustand, der maximale Freiheit zur Gestaltung der Gegenwart und Zukunft lässt, da auf Grund eines deutlichen Übermaßes an lebensnotwendigen Ressourcen im Falle eines wahrscheinlichen Verlaufs der Zukunft mittel- oder langfristig keine Handlungen im Sinne der Lebenssicherung ausgeführt werden müssen

relativ - verhältnismäßig

relevant - wichtig

Restriktion - Zurückhaltung

Rhythmus – sich wiederholende Abfolge

Situation – Zusammenwirken mehrerer Sachverhalte

souverän – situationsüberlegen

Symbol – sachverhaltzusammenfassendes Zeichen

System – zusammenwirkendes Gebilde mehrerer Einzelteile

Transaktion - Handlung

Währung – Zeichen zur Zustandsbeschreibung